Vanessa Walder

E-Mail-Geschichten

Illustrationen von Heribert Schulmeyer

Bibliografische Information Der Deutschen Bibliothek
Die Deutsche Bibliothek verzeichnet diese Publikation in der Deutschen Nationalbibliografie; detaillierte bibliografische Daten sind im Internet über *http://dnb.ddb.de* abrufbar.

Für Jan, meinen E-Mail-Freund

Der Umwelt zuliebe ist dieses Buch auf chlorfrei gebleichtem Papier gedruckt.

ISBN 3-7855-4953-9 – 1. Auflage 2004
© 2004 Loewe Verlag GmbH, Bindlach
Umschlagillustration: Heribert Schulmeyer
Reihenlogo: Angelika Stubner
Gesamtherstellung: sachsendruck GmbH, Plauen
Printed in Germany

www.loewe-verlag.de

Inhalt

Das Klammeraffen-Virus 9
Geh raus! 18
Kurzfassung 26
Eine viertel Ewigkeit 36
Ein unschlagbarer Vorteil 44
Jungs sind okay 53

Das Klammeraffen-Virus

„Papi, was ist eigentlich eine E-Mail?", fragt Peter seinen Vater.

Der lässt die Zeitung sinken und denkt nach. „Also, erstens", sagt er nach einer Weile, „ist das ein englisches Wort. Man spricht es I-Mehl aus."

„Und zweitens?", bohrt Peter weiter.

„Zweitens." Sein Vater denkt wieder nach. „Eine E-Mail ist so etwas Ähnliches wie ein Brief. Nur, dass sie im Computer drin ist."

„Und wie kriegt man sie da raus?"

„Gar nicht", antwortet Peters Vater und hat die Zeitung wieder vor dem Gesicht. „Man schickt sie an einen anderen Computer."

„Und was macht der damit?"

Sein Vater zuckt mit den Schultern. „Keine Ahnung. Warum fragst du nicht deine Mutter?"

Also läuft Peter in den Garten, wo seine

Mutter gerade Rosen für einen Blumenstrauß abschneidet.

„Mama, was macht ein Computer mit einer E-Mail?", fragt er.

„Au!" Peters Mutter verzieht das Gesicht und steckt den Zeigefinger in den Mund.

„Jetzt hab ich mich an einem Dorn gestochen. Was willst du wissen?"

„Was macht ein Computer, wenn eine E-Mail in ihm drinsteckt?"

Seine Mutter überlegt kurz. „Wenn du einen Computer hast, dann kannst du jemand anderem, der auch einen Computer hat, einen Brief schicken. Den sieht er dann auf seinem Bildschirm. Das geht aber nur, wenn du Internet hast."

„Aber Oma schickt mir doch auch immer Briefe, und die hat keinen Computer", wendet Peter ein.

„Ja, aber Oma schickt die Briefe auch mit der Post und nicht mit dem Internet", erklärt seine Mutter. „Bei einem normalen Brief schreibst du den Namen und die Straße und die Stadt auf den Umschlag."

„Und bei einer E-Mail?"

„E-Mail-Adressen tippt man in den Computer. Die erkennt man an dem Klammeraffen."

„Was für ein Affe?", fragt Peter und muss lachen.

„Ein Klammeraffe", wiederholt seine Mutter und seufzt.

„Lebt der im Computer?"

„Warum fragst du nicht deine Schwester?", meint Peters Mutter schnell und wendet sich wieder ihren Rosen zu.

Peter schüttelt den Kopf. Langsam fragt er sich, ob seine Eltern überhaupt wissen, was eine E-Mail ist, oder ob sie ihm nur einen Bären aufbinden wollen. Er läuft zum Zimmer seiner Schwester und klopft an die Tür.

„Lena? Was ist das Internet?", ruft er laut.

Da geht die Tür auf, und Lena brummt: „Was willst du?"

„Was ist das Internet, und wo leben Klammeraffen?"

Lenas Gesicht hellt sich auf, wie immer, wenn sie damit angeben kann, dass sie mehr weiß als ihr Bruder.

„Also, *inter* bedeutet *zwischen*, und *net* heißt *Netz*", sagt sie. „Internet heißt also *zwischen den Netzen* oder *Zwischennetz*."

„Aha", macht Peter und tut so, als wäre er jetzt schlauer. Dann fällt ihm etwas ein.

„Zeigst du mir mal eine E-Mail?", bettelt er.

„Nein", sagt Lena sofort. „Du würdest nur wie wild an der Tastatur herumdrücken und irgendwas löschen oder kaputtmachen."

„Würde ich gar nicht", ruft Peter sauer. „Ich will nur eine E-Mail sehen. Und einen Klammeraffen, bitte!"

Aber Lena bleibt hart. „Wenn man nicht aufpasst, dann kriegt der Computer ganz schnell ein Virus, und alles stürzt ab", erklärt sie.

„Was denn für ein Virus?", fragt Peter neugierig. Vor ein paar Wochen hatte er eine Erkältung, und seine Mutter hat ihm erzählt, dass ein Virus schuld daran war. Und dass ein Virus sehr ansteckend sein kann.

„Die schwirren überall im Internet rum", sagt Lena hochnäsig und macht ihm die Tür vor der Nase zu.

Enttäuscht trottet Peter zurück ins Wohnzimmer, wo sein Vater immer noch in der Zeitung liest.

„Und?", fragt er. „Weißt du jetzt, was eine E-Mail ist?"

Peter denkt an all die Dinge, die er eben gehört hat. „Also, in einem Computer, da wohnen Klammeraffen, und die schicken sich gegenseitig englisches Mehl", erklärt er. „Aber davon bekommen sie ein Virus und stürzen ab. Dann fängt man sie mit einem Netz. Und wenn sie nicht aufpassen, werden sie gelöscht und kriegen nie wieder Briefe."

Da schaut Peters Vater von seiner Zeitung auf und starrt ihn mit offenem Mund an. „Das hat dir deine Mutter erzählt?", fragt er. Dann seufzt er. „Ich erklär's dir später nochmal genau, ja?", meint er und verschwindet wieder hinter der Zeitung.

Peter nickt. „Du, Papa, gibt es eigentlich Klammeraffen-Tierärzte?"

Aber Peters Vater antwortet nicht. Dafür zittert die Zeitung vor seinem Gesicht so sehr, als hätte er Schüttelfrost. Oder einen furchtbaren Lachkrampf. Ob ihn wohl das Klammeraffen-Virus erwischt hat?

Geh raus!

„Ich verstehe das einfach nicht!"

Nora verdreht genervt die Augen. Jeden Tag macht ihre Mutter das gleiche Theater. Und das nur, weil es draußen schön ist.

„Mama, bitte!", sagt Nora. „Ich schreibe gerade eine E-Mail."

„Du schreibst den ganzen Tag E-Mails", gibt ihre Mutter zurück. Sie steht in der Tür zu Noras Zimmer und blickt den Computer auf Noras Schreibtisch böse an. „Und wenn du keine E-Mail schreibst, suchst du etwas im Internet. Oder du spielst irgendein Computerspiel." Sie schüttelt den Kopf. „Es ist so schön draußen. Warum gehst du nicht spielen?"

„Weil alle meine Spiele hier sind", erwidert Nora und deutet auf die Computerspiele in ihrem Regal.

Jetzt verdreht Noras Mutter die Augen. „Ich meine richtige Spiele", brummt sie.

„Als ich in deinem Alter war, habe ich nicht den ganzen Tag in meinem Zimmer gehockt."

„Natürlich nicht!", meint Nora. „Da gab's ja auch noch keine Computer."

„Warum rufst du nicht eine Freundin an und –"

„Ich schicke gerade eine E-Mail an eine meiner Freundinnen", antwortet Nora nur.

„Dann bitte sie doch, herzukommen."
„Wozu? Sie hat selbst einen Computer."
Noras Mutter schüttelt ein letztes Mal den Kopf und geht. Erleichtert seufzt Nora auf und tippt ihre E-Mail zu Ende. Dann klickt sie auf *Senden*.

„Hängst du schon wieder vor dem Bildschirm?" Diesmal ist es Noras Vater, der in der Tür steht.

„Willst du mir sagen, dass es draußen schön ist?", fragt Nora. „Das weiß ich schon von Mutti."

„Als ich jung war, habe ich lieber mit meinen Freunden gespielt als mit einer Blechkiste", sagt ihr Vater.

In dem Moment piepst der Computer.

"Ich habe eine E-Mail bekommen", erklärt Nora ihrem Vater und klickt auf *Lesen*.

Hi, Nora. Meine Eltern nerven schon den ganzen Tag und wollen, dass ich nach draußen gehe.

Nora grinst. Ihrer Freundin Helena geht es also auch nicht besser als ihr.

Hast du Lust, zu mir zu kommen? Wenn ich schon rausgehen muss, dann könntest du mir wenigstens helfen, den Computer in den Garten zu tragen.

Nora lacht laut auf. Eine glänzende Idee: den Computer nach draußen tragen. Aber vermutlich sind Helenas Eltern nicht ganz so begeistert davon. Nora tippt schnell eine Antwort und steht auf.

„Verlässt du tatsächlich deinen Computer?", fragt ihr Vater überrascht.

„Ja, ich gehe rüber zu Helena." Nora grinst. „Wir gehen raus!"

„Halleluja!", ruft ihr Vater und hebt die Arme in die Höhe. „Na dann, viel Spaß!"

Als Nora bei Helena ankommt, wartet die schon vor der Tür. Sie hält eine Leine in der Hand, an der ihr Hund auf und ab hüpft.

„Hättest du was dagegen, mit Zorro spazieren zu gehen?", fragt Helena, nachdem sich die beiden begrüßt haben.

„Solange wir draußen sind", erwidert Nora und grinst. „Meine Eltern nerven mich nämlich schon den ganzen Tag damit."

Helena nickt. „Meine auch."
Eine Stunde später kommen die beiden Mädchen von ihrem Spaziergang zurück.
„Kommst du noch mit rein?", fragt Helena. „Wir könnten Computer spielen."
Nora nickt begeistert.

Als Helena die Tür zu ihrem Zimmer aufmacht, drehen sich ihre Eltern überrascht um. Sie sitzen beide vor Helenas Computer und lesen eine E-Mail.

„Was macht ihr denn hier?", fragt Helena erstaunt.

Ihre Eltern stehen auf. Sie sehen verlegen aus.

„Ähm, Noras Eltern haben uns gerade eine E-Mail geschickt", erklärt Helenas Vater.

„Meine Eltern?" Nora ist überrascht. Dann fällt ihr etwas ein. „Darf ich mal kurz antworten?", fragt sie, geht an den Computer und tippt schnell ein paar Worte. Dann klickt sie auf *Senden*.

„Was hast du geschrieben?", fragt Helena neugierig.

Nora grinst. „Geht raus! Liebe Grüße, eure Tochter."

Kurzfassung

Jana liebt es, E-Mails zu bekommen. Am meisten freut sie sich über die E-Mails von ihrer besten Freundin Marlene. Seit Marlene mit ihren Eltern in eine andere Stadt gezogen ist, schicken sich die beiden Mädchen fast jeden Tag eine E-Mail. Dummerweise macht Jana das E-Mail-Schreiben nicht halb so viel Spaß wie das Lesen.

Schon seit zwei Tagen hat sie sich nicht mehr bei Marlene gemeldet. Dabei hätte sie ihr so viel zu erzählen. Eben gerade hat Marlene ihr eine E-Mail geschickt, in der steht:

Was ist los mit dir? Lebst du noch? Wie war denn euer Picknick? Schreib mir endlich! Ungeduldige Grüße von deiner Marlene.

Jana seufzt. Jetzt kann sie es nicht länger aufschieben. Sie muss Marlene antworten. Also fängt sie an zu tippen:

Liebe Marlene, tut mir Leid, dass du so lange auf meine Mail warten musstest. Also, das Picknick war ... Das ist eine ziemlich lange Geschichte. Also fange ich einfach ganz am Anfang an, okay?
Marco wollte erst überhaupt nicht mitkommen. Er meinte, mit zwölf sei man zu alt für Familien-Ausflüge. Aber dann hat er sich doch noch breitschlagen lassen. Paps hat gesagt, Marco müsste sonst den Rasen mähen. Ich wünschte, er hätte ihn

zu Hause bleiben lassen! Marco hat die ganze Zeit nur genervt! Erst hat er mich an den Haaren gezogen und im Auto meine Schnürsenkel zusammengebunden. Einfach unausstehlich – einfach Marco.

Dann sind wir endlich im Stadtpark angekommen und haben die Decke und das Essen ausgepackt. Marco hat Steine auf die Enten im Teich geworfen, wenn meine Eltern nicht hingesehen haben. Plötzlich hab ich ein lautes Platschen gehört, und – du wirst es nicht glauben – Marco ist in den Teich gefallen! Ohne meine Hilfe! Sogar meine Eltern haben gelacht!

Während wir Marco aus dem Teich gezogen haben, ist ein Hund über den kalten Aufschnitt hergefallen. Er hat fast alles gefressen. Den Rest haben sich die Ameisen gekrallt. Papa hat vorgeschlagen, dass wir stattdessen den Hund grillen sollten, aber der ist sofort abgehauen.

   Mama hat auf den Ameisen rumgetrampelt, ist ausgerutscht und hat sich den Knöchel verstaucht. Wir haben also alles zusammengepackt und wollten zum Auto gehen. In dem Moment fing es an zu schütten. Erst wollten wir uns irgendwo unterstellen, aber du kennst ja den Stadtpark: Da gibt's nichts zum Unterstellen. Marco war's egal – der war ja eh schon nass. Wegen meiner Mutter konnten wir auch nicht so schnell weg. Mein Vater musste sie stützen.

Als wir endlich am Auto angekommen sind, haben wir gemerkt, dass mein Vater das Licht angelassen hatte, nachdem wir durch den Tunnel gefahren waren. Die Batterie war leer, und der Wagen wollte nicht anspringen. Zum Glück hatte Marco sein Handy dabei.

Mein Vater wollte den Pannendienst anrufen. Leider war das Handy in Marcos Hosentasche gewesen, als er in den Teich gefallen ist. Es hat nicht mal mehr gepiepst. Mein Vater hat geflucht wie ein betrunkener Matrose. Ein paar von den Flüchen hat nicht mal Marco gekannt. Aber er wird sie sich bestimmt merken.

Paps ist dann zur nächsten Telefonzelle gegangen, war aber nach ein paar Minuten wieder da, weil er seine Brieftasche vergessen hatte. Diesmal hat er nicht geflucht, aber er hatte so einen irren Blick …

Wir haben eine Stunde im Auto gesessen, bis der Pannendienst kam.

Paps hat ständig geniest, und Mama hat gejammert, weil ihr Bein so wehgetan hat. Und Marco war so sauer, dass sein Handy kaputt war, dass er sogar vergessen hat, mich zu ärgern.

Falls du jetzt denkst, dass ich die Einzige bin, für die das Picknick glimpflich abgelaufen ist – weit gefehlt! Paps und Marco haben sich erkältet, und Mama kann immer noch nicht laufen. Also muss ich hier Krankenschwester spielen. Seit ich heute von der Schule zurück bin, mache ich nichts anderes als Tee kochen, Zwieback verteilen und Hustensaft einflößen. Aber ich bin mir ziemlich sicher, dass Marco nur schauspielert. Seit gestern hat er nicht ein Mal geniest oder gehustet!

In dem Moment wird Jana beim Schreiben unterbrochen. Ihr Vater ruft nach ihr. Oder besser: Er krächzt. Mit einem Seufzer steht Jana auf und holt den Hustensaft aus der Küche. Fünf Minuten später kommt sie zurück, um die E-Mail zu Ende zu schreiben. Plötzlich werden ihre Augen so groß wie Suppenteller.

Verbindung unterbrochen steht da in einem kleinen grauen Kästchen in der Mitte des Bildschirms. Was? Die Verbindung zum Internet wurde unterbrochen? Oh nein! Die ganze E-Mail ist gelöscht!

Jana schreit vor Zorn auf, dann verpasst sie ihrem Schreibtisch-Stuhl einen kräftigen Tritt. Als sie sich wieder halbwegs beruhigt hat, setzt sie sich an den Computer und fängt von vorne an:

Liebe Marlene, schreibt sie. Tut mir Leid, dass ich erst jetzt antworte, aber ich muss hier Krankenschwester spielen, weil alle erkältet sind. Beim Picknick hat's geregnet. Wie war dein Mathetest? Liebe Grüße von deiner Jana

Eine viertel Ewigkeit

Nicks linke Hand trommelt nervös auf dem Computertisch herum. Die andere Hand spielt mit einem Kugelschreiber. Der linke Fuß tritt im Takt mit der linken Hand auf den Boden. Nur der rechte Fuß hat gerade nichts anderes zu tun, als zu warten.

Genau wie Nick. Er wartet auf eine E-Mail von Karin. Es ist schon eine halbe Ewigkeit her, seitdem er das letzte Mal was von Karin gehört hat. Dabei schreiben sie sich seit Monaten regelmäßig E-Mails.

Karin ist Nicks beste Freundin, aber das soll in ihrer Klasse keiner wissen. Karins Freundinnen lachen sie sonst aus, weil sie mit einem Jungen befreundet ist. Und Nicks Freunde machen sich über ihn lustig, wenn er nicht alle Mädchen doof findet. Also reden Karin und Nick in der Schule fast gar nicht miteinander.

Genau deshalb freut sich Nick auch immer so über Karins E-Mails. Karin ist viel lustiger als die meisten seiner Freunde. Wie schade, dass Karin kein Junge ist. Aber das haben ihre Eltern eindeutig vermasselt.

Und anscheinend fängt Karin jetzt auch noch an, sich wie ein Mädchen zu benehmen. Die haben doch nichts anderes im Kopf, als Jungs zu ärgern. Das gelingt Karin im Augenblick ganz wunderbar! Warum antwortet sie nicht auf Nicks letzte Mail?

Mittlerweile tritt auch Nicks rechter Fuß ungeduldig auf den Boden. Es hilft nichts:

Auf dem Bildschirm steht immer noch
Keine neuen Nachrichten!

Vielleicht hat eine von Karins Freundinnen herausbekommen, dass Karin und Nick sich mailen. Dann könnte es sein, dass diese Freundin Karin überredet hat, Nick nicht mehr zu schreiben. Vermutlich diese Sylvia. Die konnte Nick noch nie ausstehen. Sie macht Karate und ist um einen Kopf größer als er.

Oder vielleicht gibt es bei Karin einen Stromausfall, und deshalb funktioniert der Computer nicht. Ihr Telefon könnte kaputt sein, und deswegen kommt Karin nicht ins Internet.

Sie könnte auch krank geworden sein. Vielleicht liegt sie in diesem Augenblick mit Fieber und Husten im Bett. Nick hat gehört, dass gerade eine Sommergrippe umgeht. Außerdem ist es Frühling, da sausen jede Menge Pollen in der Luft herum. Wer weiß, ob Karin nicht Heuschnupfen hat? Keiner kann von ihr erwarten, dass sie mit einer verstopften Nase vor dem Computer hockt.

Wieder wählt sich Nick ins Internet ein.

Keine neuen Nachrichten

Karin muss eine Blinddarm-Entzündung haben, anders kann er sich das nicht erklären! Oder sie ist entführt worden!

Natürlich! Hört man doch immer wieder – von Außerirdischen entführt! In diesem Augenblick sitzt sie wahrscheinlich in einem Raumschiff und wird von einem Laser angestrahlt. Um sie herum hocken lauter kleine grüne Männchen, und sie hat schreckliche – nein, Moment mal, Karin hat keine Angst vor Außerirdischen.

Karin hat vor gar nichts Angst. Wahrscheinlich macht sie die Außerirdischen gerade fertig.

Wetten, die bereuen schon, dass sie keinen Jungen entführt haben?

Keine neuen Nachrichten

Nick ist jetzt stinksauer. Was könnte Karin nur davon abhalten, ihm zu mailen? Da fällt ihm ein, dass er an die schlimmste aller Möglichkeiten noch gar nicht gedacht hat: Karin mag ihn einfach nicht mehr! Sie findet ihn langweilig und hat es satt, mit ihm E-Mails zu wechseln. Was für ein furchtbarer Gedanke! Da wäre es ihm schon lieber, wenn sie bei den kleinen grünen Männchen wäre.

Wieder wählt Nick sich ins Internet ein. Im ersten Moment merkt er gar nicht, dass sich die Meldung geändert hat. Jetzt steht da: *Eine neue Nachricht in Ihrem Posteingang.*

Jaaa! Da ist sie endlich – die Mail von Karin.

> Tut mir Leid, dass ich erst jetzt antworte! Ich musste meiner Mutter beim Abwaschen helfen. Hast du die Matheaufgaben inzwischen fertig? Oder hängst du die ganze Zeit im Internet rum? Musst du eigentlich auch im Haushalt helfen? Ich mache jetzt Mathe. Melde dich, wenn du damit fertig bist, dann können wir Ergebnisse vergleichen, ja? ;–) Karin

Nick runzelt die Stirn. Beim Abwaschen hat sie also geholfen! Ha! Kann ja jeder behaupten. Was für eine blöde Ausrede! Und deshalb hat sie ihn eine Viertelstunde warten lassen! Was schreibt sie? Melde dich, wenn du mit Mathe fertig bist! Ha! Das könnte ihr so passen. Jetzt kann Karin ruhig mal auf seine E-Mail warten. Genauso lange wie Nick auf ihre – eine halbe Ewigkeit. Na ja, vielleicht auch nur eine viertel Ewigkeit.

Ein unschlagbarer Vorteil

„Warum sitzen wir hier draußen?", will Sabine wissen.

„Weil heute ein wunderschöner Tag ist", sagt ihre Tante Verena und lächelt. „Die Vögel zwitschern, die Blumen blühen –"

„Und warum sitzen wir dann nicht im Garten hinter dem Haus?", unterbricht Sabine sie. „Warum sitzen wir auf der Veranda und sehen uns deinen Gartenzaun und die Straße an?"

„Was stört dich denn daran?"

Sabine zuckt mit den Schultern. „Ich find es ziemlich langweilig hier auf der Veranda", meint sie dann. „Es gibt kein Radio, keinen CD-Player, keinen Fernseher, keinen Computer –"

„Den gibt es im Haus auch nicht", erwidert Verena. „Du weißt doch, dass ich keinen Computer habe."

„Das verstehe ich sowieso nicht!" Es ist nicht das erste Mal, dass Sabine mit ihrer Tante über dieses Thema diskutiert.

Verena ist Sabines absolute Lieblingstante. Sie ist mit Abstand die coolste Tante auf der ganzen Welt. Aber was Computer angeht, lebt Verena wie im tiefsten Mittelalter. Als Sabine ihre Tante einmal fragte, ob sie schon mal in einem Chatroom war, meinte die nur: „Ist der in der Stadt?" Sie kauft sich Bücher über ihre Lieblings-Schauspieler und Lieblings-Bands, anstatt auf deren Homepages zu gehen. Aber das Schlimmste an allem ist: Sie verschickt ihre Briefe immer noch mit der Post! Sie ist doch tatsächlich so altmodisch und wartet wochenlang auf Briefe von ihren Freunden.

„Ich kapiere einfach nicht, wie du ohne Computer leben kannst", sagt Sabine und nimmt einen Schluck von ihrer Limonade.

„Dann erkläre ich es dir", meint Verena. „Ich schlafe acht Stunden jede Nacht. Ich atme Luft. Ich esse Gemüse und Obst und manchmal —"

„Jaja!", unterbricht Sabine sie unge-

duldig. „Wie man *über*leben kann, weiß ich. Aber mal ehrlich – wie viele Stunden in der Woche verbringst du in der Stadtbücherei, um dort irgendwas nachzuschlagen? Du könntest es viel leichter haben und alles einfach in eine Suchmaschine im Internet eingeben. Nach ein paar Sekunden hast du die Antwort."

„Ich mag Büchereien", lautet die Antwort. „Sie riechen so gut. Nach Büchern und Wissen und Staub."

„Mmh!" Sabine verdreht die Augen. „Hört sich ja spannend an!"

„Tut mir Leid, aber du wirst mich nicht dazu überreden, einen Computer zu kaufen."

„Gerade bei dir verstehe ich das nicht", fängt Sabine von neuem an. „Du hast doch so viele Freunde überall auf der Welt. Wenn du ihnen mailen würdest, könntest du jeden Tag von ihnen hören. Innerhalb von Sekunden würden sie dir antworten. Stattdessen wartest du lieber wochenlang auf einen Brief aus Uganda oder aus Sydney."

Verena lacht. „Es liegt nicht nur an der Post, dass die Antworten so lange dauern. Meine Freunde sind leider fast alle ziemlich schreibfaul. Sie würden auch wochenlang brauchen, um eine E-Mail zu schreiben."

„Etwas in den Computer zu tippen, dauert längst nicht so lange, wie etwas mit der Hand auf einen Zettel zu schreiben."

„Wenn man nicht tippen kann, dann dauert es schon ziemlich lang", brummt Verena. „Außerdem habe ich keine Lust, all das zu lernen, was ich über Computer wissen müsste."

„Das geht so schnell!", ruft Sabine. „Ich könnte dir alles erklären und –"

„Und dann sitze ich jeden Tag stundenlang vor einem kleinen Kästchen, während draußen die Sonne scheint – sehr verlockend!"

„Das mit den Briefen dauert doch auch Stunden! Du musst sie schreiben, eintüten, zukleben, adressieren, Briefmarken draufkleben, zur Post bringen und aufgeben." Sabines Stimme überschlägt sich fast. „Das ist so viel Arbeit! Und wozu? Damit jemand das Kuvert aufreißt, den Brief in fünf Minuten liest und ihn dann wegschmeißt!"

„Ich habe noch nie einen Brief weggeworfen", erwidert Verena überrascht. „Briefe sind viel persönlicher als E-Mails. Die kann man nur ausdrucken. Stell dir mal vor: Du hältst ein Blatt Papier in der Hand, das vor einer Weile noch am anderen Ende der Welt war. Und dein Freund oder deine Freundin hat es auch in der Hand gehabt. Sie haben sich die Mühe gemacht, einen Brief zu schreiben, und nicht einfach nur ein paar Buchstaben in den Computer getippt."

„Klar", höhnt Sabine. „Und wenn etwas Wichtiges passiert? Sagen wir, einer von ihnen heiratet oder zieht um oder so. Du erfährst erst davon, wenn es schon vorbei ist."

„Dann können sie ja immer noch anrufen."

Sabine verzieht den Mund.

„Und dann haben Briefe noch einen Vorteil, der absolut unschlagbar ist", fährt Verena fort.

„Und der wäre?"

„Warte eine Minute." Verena blickt gespannt auf ihre Gartentür.

In dem Moment kommt ein junger Mann auf einem Moped die Straße heruntergefahren und hält direkt vor Verenas Haus. Er steigt ab, nimmt den Helm ab und winkt ihr zu.

„Wie geht's Ihnen heute?", fragt er. Der Mann hat große Ähnlichkeit mit Verenas Lieblings-Schauspieler. Er ist groß und hat ein wirklich nettes Lächeln.

„Ich hab einen Brief für Sie aus Paris", fährt er fort.

„Wie schön", erwidert Sabines Tante. „Wollen Sie vielleicht eine Limonade?"

„Gern."

Schnell dreht sich Verena zu Sabine um und flüstert: „Wie gesagt – ein unschlagbarer Vorteil!"

Jungs sind okay

Wütend schleudert Maria ihre Schultasche in die Ecke. Der heutige Tag bekommt eine glatte Zehn auf ihrer Unerträglich-Skala. Sie ist es ja gewohnt, dass die Jungs in ihrer Klasse sich saublöd benehmen. Aber heute hätte Tom es fast geschafft, sie zum Weinen zu bringen.

Und das nur, weil sie einen lila Rock anhatte. Maria mag eigentlich gar keine Röcke, und die Farbe Lila mag sie schon gar nicht. Aber dieser Rock ist ein Geschenk von ihrer Oma gewesen, die gerade zu Besuch ist. Sie wäre todunglücklich, wenn Maria den Rock nicht angezogen hätte.

Marias Freundinnen haben zwar ziemlich überrascht aus der Wäsche geschaut, als sie heute Morgen in die Klasse gekommen ist. Aber keine von ihnen hat etwas gesagt. Die ersten Stunden und Pausen liefen auch noch ziemlich glimpflich ab. Aber dann – in der letzten Pause – ist Tom langweilig geworden.

Und wenn Tom langweilig ist, dann fällt ihm nichts Besseres ein, als die Mädchen in der Klasse zu ärgern. Heute hatte er es auf Maria abgesehen.

Die ganze Pause über hat er an ihrem Rock herumgezupft, sie geschubst und blöde Witze gemacht, über die sich seine Freunde krummgelacht haben.

Schließlich hatte Maria genug und gab ihm einen Stoß. Dummerweise zupfte er gerade in dem Moment mal wieder an ihrem Rock. Als Maria ihn wegstieß, klammerte er sich mit aller Kraft an den Rock und riss den Saum ab. Die ganze Klasse brach in Gelächter aus. Und Maria beinahe in Tränen.

Wenn sie jetzt an den heutigen Schultag denkt, werden ihre Augen wieder feucht. Traurig schlurft sie ins Arbeitszimmer ihres Vaters und schaltet den Computer ein. Die Einzige, die sie jetzt trösten kann, ist ihre beste Freundin Alex.

Maria und Alex haben sich im Internet kennen gelernt. Und weil beide riesengroße Manga-Fans sind, schicken sie sich mittlerweile jeden Tag mindestens drei E-Mails. Inzwischen kann sich Maria gar nicht mehr vorstellen, wie sie es jemals ohne Alex aushalten konnte.

Sie wischt sich die Tränen vom Gesicht und fängt an, eine E-Mail an Alex zu tippen:

Hi, ich brauche ganz dringend ein paar tröstende Worte. Heute in der Schule war es einfach schrecklich! Ich hab dir doch von dem furchtbaren Rock erzählt, den meine Oma mir geschenkt hat. Also, heute in der Schule hatte ich ihn an. In der letzten Pause hat ein Idiot aus meiner Klasse den Rock zerrissen. Da habe ich beschlossen, dass ich NIE WIEDER mit irgendeinem Jungen auch nur ein Wort wechseln werde! Nie wieder! Sind Jungs nicht die schlimmste Erfindung, seit es Menschen gibt? Liebe Grüße, Maria

Nach dem Mittagessen wartet bereits eine E-Mail auf Maria:

Auch hi! Tut mir wirklich Leid, dass du so einen schlimmen Tag hattest! Natürlich weiß ich etwas, um dich zu trösten: Die gleichen Idioten, die dich jetzt ärgern und schubsen und deinen Rock kaputtmachen, die werden in ein paar Jahren stotternd und schwitzend vor dir stehen, um dich ins Kino einzuladen. Dann kannst du ihnen alles heimzahlen! Ich kann dir allerdings nicht ganz zustimmen, dass alle Jungs furchtbar sind. Die meisten meiner Freunde sind Jungs und wirklich in Ordnung. Und wenn du nie wieder mit einem Jungen ein Wort wechseln willst, dann darfst du auf diese Mail gar nicht antworten. Alex steht nämlich nicht für Alexandra, sondern für Alexander. Ich hatte keine Ahnung, dass du das nicht weißt. Ich hoffe, du entscheidest dich dafür, ein paar Jungs doch okay zu finden. Sonst höre ich nämlich nie wieder von dir, und das fände ich wahnsinnig schade.
Grüße, AlexANDER

Völlig verdutzt starrt Maria den Bildschirm an. Ihre beste Freundin Alex gehört zu den Feinden? Sie ist ein Junge? Ein Alexander? Aber wie kann das sein? Er ist doch so nett! Dabei sind alle Jungs furchtbar. Einen Augenblick noch denkt Maria über die Sache nach. Dann zuckt sie mit den Schultern, lächelt und klickt auf *Antworten*.

Vanessa Walder wurde 1978 in Heidelberg geboren. Bereits während ihres Jurastudiums begann sie, zu schreiben und veröffentlichte Kurzgeschichten. Außerdem arbeitete sie als freie Journalistin. Nachdem sie drei Jahre lang Chef vom Dienst bei einer österreichischen Jugendzeitschrift war, ist sie seitdem als freie Schriftstellerin tätig.

Heribert Schulmeyer, geboren 1954, zeichnet seit seinem 12. Lebensjahr, nachdem ihm seine Zwillingsschwester verboten hatte, weiter mit Ritterburgen zu spielen. Nach Schule und Studium wurde er Comiczeichner und freier Künstler. Heute arbeitet er für verschiedene Verlage und für den WDR bei der „Sendung mit der Maus". Heribert Schulmeyer lebt und arbeitet in Köln.

Leselöwen

Jede Geschichte ein neues Abenteuer